그대에게 보내는
꽃잎 편지

_____ 님께

아름다운 나날 늘 건강하시옵소서

2021년 10월

박 고 은 드림

그대에게 보내는
꽃잎 편지

박고은 시집

세종출판사

| 서시 |

꿈꾸며

한 세월
설렘을 벗지 못할 감성 있어
꽃 같은 꿈을 지녔다면
꿈꾸기도 나름 호강일 수도

크면 큰 대로, 작으면 작은 대로
지고한 멋 기려 꿈 하나 품으면,
찬 소매 깃에 이슬 꽃 적시는
시린 현실이어도
희망 불씨 피우는 가슴

꿈꾸는 일상은 아름답고
꿈 지닌 생애는 뜨겁다
꿈 그려 날마다 펼치는 노력,
진실한 눈망울 속에
아려오는 그 고운 빛
가슴에 떠도는 꿈의 햇살

구김살 없는 순한 마음은
한 줄기 바람에 속삭이며
풍경을 노래하고
맑은 물결에 춤추고,
꽃향기에 흠씬 취할 줄 아는
詩 한 편을 꿈꾸며
아직은 푸른 꿈을 펼치고픈
짜릿한 삶의 열정이다

도와주신 님들과 사랑하는 가족과
독자님들에게 이 시집을 바칩니다

2021년 10월
박고은

차례

1부 사랑아 오려거든

사랑아 오려거든	15
나도 꽃이고 싶다	16
그 목소리	17
그대 눈빛이 그리워	18
너를 보내고	19
바람에 띄운 그리움	20
네 속삭임 들을 때마다	21
날마다 그리운 사람	22
선홍 빛 그리움	23
사랑이 뭐길래	24
사랑 속살 앞에 참사랑으로 만나자	25
천명 같은 사랑	26
그 사랑	27
그리움이 간절하면	28
애인	29
영원한 사랑	30
영원한 사랑 2	31
사랑의 전설	32

내 혼에 꽃의 심장으로 불 지피는 이름	33
그대 있기에	34
바람이 전하는 편지	35

2부 핫, 네 가슴속에는

또 사랑은 오고	39
핫, 네 가슴속에는	40
그대라는 별	41
아름다운 사랑	42
가슴에 분홍 꽃물 드는 그곳에 그대 오라	43
사랑을 입고 싶다	44
사랑이 뭐길래	45
멍	46
네 가슴에 내 마음 닿는다면	47
얄밉도록 보고픈 사랑아	48
나는 그대 영혼에, 그대는 내 영혼에 꽂히고	49
사랑은	50
꽃잎 피는 꿈자리	51

너와 나 사랑을 물들일 때	52
사랑의 바보	53
가을 정사	54
그냥 그저 사랑하자	55
바램	56
지독한 사랑	57
차라리 그대를 잊으려 할 때	58
이름하여 불청객	59
사랑은 희망의 창이다	60

3부 그대 눈빛 한 번이면

그대 눈빛 한 번이면	63
그대에게 보내는 꽃잎 편지	64
그리움 소리를 듣는다	65
숨 멎을 것 같은 순간이 있다	66
나는 그대가 보고 싶다	67
그대를 향한 마음이 꽃빛이다	68
한 사람을 향한 사랑	69

하늘 한 장에다 그려 넣는 얼굴	70
그대 그리움으로 가는 길	71
꽃 한 송이에 이름을 준다	72
그대 사랑이면	73
사랑 한다고 말하고 싶을 때	74
신의 선물은 그대 사랑	75
사랑은 기다림으로 조용하다	76
별 하나 내려올 때쯤	77
이제 알 것 같습니다	78
그대란 바다로 항해하는 하늘	79
사랑해	80
그대에게 가는 길	81
그리움이란	82
내 한 생에 그리움이 흐르는 강	83
가슴에 별 하나 빛날 때	84
그대가 왔으면 좋겠습니다	85
당신이었으면 좋겠습니다	86
마법 같은 사랑이다	87
고백보다 더 설레는 것은	88
내가 꽃이었으면	89

사랑한다는 것은	90
나에게 그대가 없다면	91

4부 그대 꽃 같은 사랑

그대 꽃 같은 사랑	95
사랑이란 이름을 목에 걸고 걷자	96
그대 그리움 빛 따라가면	97
그대가 아니면 피울 수 없는 꿈	98
그대 우산이 되고 싶습니다	99
그대 마음에 뜨는 꽃별이고 싶다	100
멋진 꿈 하나 꾸고 싶은 계절에	101
그대 사랑이 불빛이면 좋겠습니다	102
그대를 향한 그리움 빛	103
사랑 꽃 한 송이 피우고 싶다	104
사랑하며 산다는 것	105
가슴으로 품은 사랑	106
사랑은	107
하얀 아침 속살 같은 설레임	108

내 가슴은 그대가 바다 109
혼자서는 못 가는 길 110
꽃 거울 111
비처럼 그대도 왔으면 좋겠다 112
꽃잎은 첫 입맞춤으로 붉다 114
작고 예쁜 별 하나 가지고 싶다 115
물속 굴절된 관절이 투명하다 116
닻을 내린 사랑 정박을 꿈꾼다 117
좋은 사람을 만나는 것은 118
이름 한번 부르고 싶다 119
복종의 詩가 되고 싶다 120
신이 한 가지만 허락하신다면 121
그대도 비처럼 왔으면 좋겠습니다 122
붉은 장미 한 송이 피워 드리겠습니다 124

1부
사랑아 오려거든

사랑아 오려거든

사랑아 오려거든
직진으로 오너라

올 듯 말 듯
망설이지 말고
미그적 밍기적
뜸 들이지 말고
한걸음에 냉큼
곧장 오너라

이꽃 저꽃, 기웃기웃
한 눈 팔지 말고
일편단심 오직
나만 보고 오너라

나도 꽃이고 싶다

사랑은 꿈의 꽃봉오리
날로 잃어가는 패기,
젊음이 저무는 세월에
사랑은 갈망으로 피는 꽃

때때로 바람이 불어
호록 호록 꽃잎 지는 소리에
내 마음 섬섬이 젖는 뜨락

나날이 한 잎 한 잎
쌓이는 연륜 속에
천 년의 향기 품고
섬세한 선율로 피는 꽃

나도 한 송이 꽃이고 싶다
설렘으로 피는 사랑꽃

그 목소리

가까운 듯 먼 사람아
그대 목소린 늘 들어도
다시금 듣고픈 노래
맑은 날에 바람 탄
다정한 그 음성은
내 푸른 숲속,
보리수 밑둥을 울리고
샛노란 나리꽃을 피우고
가슴의 창을 지나
깊은 영혼에 꽂히는,
한없이 부드럽고 고운 가락

그대 눈빛이 그리워

그대 눈빛이 그리워
애간장 타들어 가는
커피 빛 그리움

보고픔이 병이 되어
가슴이 아려오고
동천이 아려오고

허공을 응시하는 내 눈망울
그대 애잔한 눈빛과 닿아
고이어 맺히는 하늘

뿌리는 차가운 빗물에
마른 단풍잎 하나
신음 소리 맥없이 뒤척입니다

너를 보내고

너 떠난 둥우리
마음의 둘레는 적막 고요
고독이 치렁치렁 옷 껴입듯
무게 지워 맞는 쓸쓸함,
벽시계 초침마저 멈춰버린
하루하루는 영원 같고
일상은 가도 가도 모래밭 같다

아침이면 한 점 불평 없이
바람같이 살자 해도
서쪽 하늘 지는 노을빛,
붉게 피는 꽃잎을 보다
울컥, 떨어지는 이슬방울
가슴속 텅 빈 공허는
그 무엇으로 메우리

바람에 띄운 그리움

서리서리 애타는 그리움
노을빛 잘라 띄웠습니다

차곡차곡 묻어둔
마음 하트 그려 넣고서
끝내 못 지울 사랑의 눈빛 새겨
붉은 입술,
이름 석 자 사인하여
호호 입김 불고 봉인하여
바람 편에 보냈습니다

고운 꽃잎 우표 한 장 붙여
바람 목에 날개 꽂아
가뭇이 먼 하늘 아래
그대에게 띄웠습니다

네 속삭임 들을 때마다

사람아, 마음 고운 사람아
낭랑 창창, 네 속삭임은
두 귀담아 시가 되고
윤슬 반짝이는 금빛 노래…
가만히 네 속삭임을 들으면
살랑 꽃 물결 춤추며
피어나는 꿈의 세계

소곤소곤, 속닥속닥
나직이 속삭일 때마다
환해지는 가슴의 창
세상 소음 다 잠재우고
내 안의 시름도 잠재워
행복 음표가 **뽕뽕!**
가슴에 돌돌 맴도는 희열

날마다 그리운 사람

날마다
기린의 목이 되어
뼈 마디마디 늘어진
기다림의 연속이어도
한 사람만을 향한 마음은
문신처럼 지울 수 없는 것

깊어질 대로 깊어진
그 사랑만큼이나
죽순같이 쭉쭉 커지는
그리움의 키는
먼 하늘로 마냥 치솟는
아릿아릿한 보고픔!

선홍 빛 그리움

눈보라 속, 칼바람 속
붉디붉은 산수유
함께 붉고 싶은 마음
오로지 인고이어라

가지마다 조롱조롱
선홍빛 영근 그리움
목숨 뜨겁게 타는 사랑,
단맛 고독으로 익는
사랑도 산수유 같아라

사랑이 뭐길래

사랑이 무엇이기에
이리 속 타나

독한 마음에
통신을 일절 끊어 봐도
한사코
불 속을 뛰어드는 불나방처럼
오로지
그만을 향하는 그리움

한 잎 단풍으로 피 붉다

사랑 속살 앞에 참사랑으로 만나자

호두껍데기처럼
딱딱하고 단단하던 어둠도
한 줄기 빛 앞에서는
결국은 옷을 벗는다

노상 기다리고, 그리워하는
애달픈 가슴이어도
시간 속에 뿌리는
만남도 발효시켜 부풀어 오른다

긴 세월 습기 찬 땅속에서
뿌릴 내리고 그 뿌리 따라
아우성치던 수액도
사랑 앞에서는 옷을 벗고
알몸으로 님의 품속에서 산다

이젠 그만 망설이지 말자
우리 서로 마음을 벗자
사랑 속살 앞에 참사랑으로 만나자

천명 같은 사랑

그리움에 목말라
수액을 빨아 올라는 나무의 뿌리
아우성 그 소리의 반란,
귓가에 서성이는 고백들이
현란한 꽃잎처럼 날리고

파도는 인내를 시간에 주고서
가파른 절벽에 이름을 새긴다
출렁이는 가슴 속에
불의 낙인으로
새기는 미명의 그 이름,
한 자 한 자 쌓아가는 성전
한 사람 사랑이 모셔진 곳
오직 그대라는 성주!

그대 한 사람 사랑이면
무한한 가능성에 중심,
한 발로 서 있는 지구처럼
한 사람 축으로 맴도는 힘
천명 같은 사랑이다

그 사랑

쏜살같이 나는
세월 문 잠그고
심연에 피우는 사랑

놀 빛에 영그는 정을
똘똘 말아 목에 걸고
묵주알 마냥 굴리며
부르는 사랑 노래

낭창낭창
부는 바람결에 흐르는
장미향보다 진한 향기....
꿈같이, 술같이 익어가는
계절도 잊어버린 그 사랑

그리움이 간절하면

한낮
꽃 한 송이 품어
사랑을 잉태한 전설
그리움이 간절하면
꽃 빛 사랑탑을 쌓는가

한 발 한 발
사랑의 발자취 남기며
높게, 넓게, 멀게
층층이 쌓아 올린 정성의 탑

그 꼭짓점에 서서 본 視界
하늘이 눈부시고
뜨겁게 달궈진 햇덩이

한결같이 가꾼 사랑이다

* 視界시계 : 눈으로 볼 수 있는 범위

애인

단 한 번 키스로
앙다문 입술
열어버린 그대여
떨리는 전율로
귓불 비비며
情바다를 핥는
달디단 육체

고혹스런 그 날갯짓에
까무러쳐 죽고 싶은
사랑의 절정이여,
춤추는 촛불처럼
사르르 녹아 피는 그대는
깊은 심혼에 뜬
황홀한 무지개

영원한 사랑

사랑아 멋져라!
너는 붉은 태양
너로 설레는 가슴은
활활 타오르는 생명력

한 아름 햇살 머금어
쏟아내는 삶의 희열
밝은 표정, 웃음소리로 채우는
마음 안 행복한 여울

날마다 손 모두는 마음은
먹구름 질풍이 몰아쳐도
태양은 떠오르듯이
사랑아!
너는 영원히 지지 말고 빛나라

영원한 사랑 2

끝내 우린 남남일 수 없어
계절을 돌고 돌아와
첫사랑같이 와락 안긴 그대

잠잠이 잠재울 수도
흔들 수도 없는
파르르 떨리는 손가락에
붉은 꽃 한 송이 꽂아주고
꾸벅꾸벅 자불고 있다

행복이 또아리 튼 가슴에
영원의 날개를 접고서
향기 꽃술을 입고
미몽 속에 꿀잠을 자고 있다

사랑의 전설

시간은 자꾸 허물을 벗고
새살이 돋는 그리움
그대 생각 키우며
내리내리 써 내려온
사랑의 전설

그리움을 오래 쌓으면
山이 되고
기다림을 오래 품으면
江이 되고

둘이서
오랜 세월 함께하면
사랑도 보석이 되고
별이 된다

내 혼에 꽃의 심장으로 불 지피는 이름

깃털에서 낡은 햇살을 털고 있는
오후가 창을 열고 별이 부를
이름을 찾고 있다
불씨 한 점으로
허공을 불 지르고 소리치는 이름

들리는 소리 뿌리 깊어
덮어둔 꽃잎 한 장
화르르 관절을 편다

가고 오는 바람 소리
뵈지 않는 발자국을 읽고
따르는 메아리 길을 찾을 때,
눈에서 눈으로 보는 세계
마주 보는 가슴이 따뜻하다

꽃 마음으로 색색이 푸는 물감
내 혼에 꽃의 붉은 심장으로
불 지피는 그대,
날마다 담아주는 호주머니 속엔
사랑이 꿈틀꿈틀 뜨겁다

그대 있기에

진실로 사랑은 영원한 것
오롯한 사랑 하나로
해 뜬 가슴 너머로
바람 불고 세월이 가도
변절의 바람을 탓하리까
세월을 아랑곳하리까

끝내 모든 것 다 지나가도
오직 남아 이어지는
하늘이 점지해준 인연,
빛없어도 그대가 있기에
품은 첫정 와락 안고
청산같이 늙어 갑니다

바람이 전하는 편지

무채 빛
천 개의 날개 달고서
자유를 입고 달려온
바람이 전하는 사랑의 편지

빽빽한 빌딩 숲을 빠져나와
산 넘고 강 건너
푸른 들을 지나
그리운 가슴에 들려주는
녹음된 고운 편지 사연

꽃의 속삭임 같은 바람 소리에
눈 뜬 시집은 열려
책갈피마다 잠자던
마른 잎새의 싱그러운 탄성

어쩜
바람도 한 사람 심장을 가진 듯
이내 영혼마저 흔들어 황홀타!

2부
핫, 네 가슴속에는

또 사랑은 오고

봄날 찾아든 사랑 하나
메마른 영혼의 가지마다
고운 입김 쏟아부어
꽃망울 돋우는 사랑아

화려한 네 날개에
오색 빛 한 아름 몰아
내 마음 빈 뜨락 가득히
사라지지 않는 천일 향
꽃물결 무수히 피워보렴!

핫, 네 가슴속에는

하늘만큼 파란 꿈을 품은
네 가슴속에는
수정보다 더 맑은 노래가 흐른다
붉은 촛불의 염원이 깃든
여명의 평화가 머문다

꽃바람, 꽃향기 폴폴 넘나드는
네 설레는 가슴속엔
금방이라도 하르르 꽃 필
봄이 아롱다롱 배어 있다

끝내 열매 맺지 못할 사랑 하나
샛별이 되어도
태양만큼 불태우는 사랑이 있다
심금 울리는 감동의 사랑이 있다
핫, 네 뜨거운 가슴속에는

그대라는 별

내 이름은 작은 별
사랑 찾아
공전하는 작은 별

날마다
깜박이는 지구를 돌면
산도 눈을 뜨고
강도 울음 울고

그곳에서
꼭 날 닮은 별 하나 보지
유난히 초롱초롱한
그대라는 별!

아름다운 사랑

꿈으로
고운 꿈으로 오는 그대는
꽃봄인가 내 생의 축복인가
애증도, 시름도
한바탕 웃음으로
아름다운 사랑으로
삼백예순날,
날마다 무지개 두른
하트를 보내는 그대는
무한 감동!

가슴에 분홍 꽃물 드는 그곳에 그대 오라

훌쩍 키 큰
풀대 바람 소리 잃고
뚝뚝 꺾이던 침묵,
여러 해 질긴 기억 업고
사랑 깃 펼치는 나날들

그대의 숨결, 손길만 스쳐도
하, 봄인 것을….
그대의 나긋한 말씨,
눈빛 하나에도 설렘으로
꽃잎 여는 사랑꽃인 것을….

꽃 같은 그대로 인해
펴는 꿈 자락, 뜨는 무지개
가슴에 분홍 꽃물 드는 그곳에
그대 오라
천리향 휘 감도는 그곳에
그대 사랑아 오라

사랑을 입고 싶다

붉은 혈관으로 흐르는
뜨거운 심장 소리
톡톡 치는 자물쇠
하늘이 놀란 가슴이다

그대
그리운 날
사랑을 입고 싶다

사랑이 뭐길래

사랑이 무엇이기에
이리 속 타나

독한 마음에
통신을 일절 끊어 봐도
한사코
불 속을
뛰어드는 불나방처럼
오로지
그만을 향하는 그리움
한 잎 단풍으로 피 붉다

멍

사랑은 천길 바다 속인데
파도가 할퀸
기슭에 핀 꽃 한 포기
그 아픔이 어떠하리

산산이 절단된 듯
에이는 시퍼런 상흔

아프다
아프다
파도 소리마저 참 아프다

네 가슴에 내 마음 닿는다면

사랑아!
남몰래 너를 속 품었기에
스스로 감금해버린 고치 속에 누에같이
골방에서 연소하지 못한 그리움은
내 키만큼 쌓이고, 살 늘어 가는데

행여라도 천 리 밖 너에게
애틋한 내 마음 닿을 수 있다면,
훌훌 바람으로 날아가
시린 뺨이라도 어루만져 주련만
지친 등이라도 쓰다듬어 주련만

내 만일 네 가슴에 머물 수 있다면
한 톨 민들레 홀씨로 날아가
너의 창 밑에 샛노란 꽃잎 피워
함박웃음으로 가슴 채워 주련만

참 얼마나 좋을까
진실로 사랑한다고, 행복하라고
오로지 너만 향하는 민들레 마음
고스란히 그대로 전해진다면

얄밉도록 보고픈 사랑아

얄밉도록 보고픈 사랑아!
우리가 줄곧 가진 건
지칠 줄 모르는 눈빛 하나
오늘은
우리 둘이 미치도록 행복하자

혼이 화닥화닥 불 달아
꽃술 하얀 숨결
거칠게 토해내는 사랑
바위가 피 돌아 솟구치듯
몸서리칠 사랑

온 삭신의 결마다
열정의 전율이 요동쳐
가슴 짜릿한 고통 빨아올릴
몸 젖는 사랑 해보자
기찬 사랑 한 번 하자

나는 그대 영혼에, 그대는 내 영혼에 꽂히고

흡사 쌍둥이 꽃처럼
마음, 혼이 쏙 빼닮은 우리
그대는 거기서
나는 여기서,
애틋한 메아리로 부르다가
서로의 영혼에 꽂힌 사랑

남달리 심오한 그대
그 영혼에 깊이 꽂힌 나,
심안을 밝히는 연꽃으로
영원의 미소를 피우고....

유독 해맑은 내 영혼에
내리꽂힌 그대
내 심혼을 깨우는
범종의 은은한 울림이 되고....

음양으로 잘 조화되는 우리
아름다이 피워내는 심향
천 년 그리움일레
천 년 사랑일레

사랑은

사랑은
발 없어도 오고 가는 것,
한 사람 기억의 통로를 아는
마음 소리가 북처럼 울릴 때
성벽을 넘는 날개가 눈부시다
그 누구도 감히 넘을 수 없는 벽

소리를 만들고 빛을 입힐 때
멀리 있어도 들리고,
눈 감아도 반짝이는 야광주같이
진주 전설을 닮은 사랑은
긴긴 세월 풍화작용으로,
무늬 진 화석같이
지워지지 않는 문신을 남긴다

꽃잎 피는 꿈자리

그대 그립고 그리워
시 한 줄 잡아도
쉬 풀리지 않는 포물선 그리움,
먹빛 드리운 창가에
견우직녀의 애틋한 전설
빛 한 조각 걸어놓고
그대 그려 깁는 꿈

뚜벅뚜벅 그대 오는 길목마다
사랑 꽃불 환히 켜지고
손끝에 묻어오는 매혹의 향기
붉은 속살 태우는 향취로
영혼 갈피갈피 감도는 미소,
밤새 꽃잎 피는 꿈자리
사랑 빛이 황홀타!

너와 나 사랑을 물들일 때

옷자락도 마음결도
울긋불긋 물이 드는
오솔길 단풍나무 아래
뜨거운 느낌, 입으로 나누며
연연한 몸짓으로
너와 나 사랑을 물들일 때

향기 짙은 가을꽃 같은
우리들 가슴 위로
홀홀, 고즈넉한 바람도
파란 휘파람 불며 휘감기고
청청, 맑고 깊은 하늘도
단풍 들어 붉게 붉게 물들었다

사랑의 바보

언제부터인가
그대 앞에 서면

심장이 콩닥콩닥
머리가 아뜩아뜩
하얗게 표백된 듯
넋이 나간 듯,
그냥 멍 때리는
바보가 되어요

내 할 말 깡그리 잊고서
어리버리
사랑의 바보가 되어요

가을 정사

가을이
온통 심장에다 불 질러
선홍빛 그리움 한 조각
단풍잎으로 뜬 가슴

빈 둥지 품은 사유
초롱초롱 눈 맞춘
가슴에 가슴을 묻고
조는 학같이…

가을빛 가을 햇살
치마폭에 가득 담아
혼신의 정염을 불태우는
가을 숲
가을 정사는 황홀하다

그냥 그저 사랑하자

풀빛 닮은 순한 마음아
남몰래 이슬 맺혀도
빗물 같은 우리 삶에
그냥 그저 사랑하자

웅숭한 에밀레 종소리처럼
사랑의 울림이 금세
마음 파동으로 와닿지 않아
잠시 가슴이 씁쓸하여도,
바위 닮은 마음아!
바람 같은 나그네 삶에
그저 묵묵히 그냥 사랑하자

빤히 들추면 술렁이는
허허로운 바보 사랑,
곧장 메아리로 돌아오지 않고
바람같이 떠돌지라도
그저 그냥 사랑하자.
추호도 아무런 후회 없이
그냥 그렇게 우리 사랑하자

바램

애틋이 사랑을 품었기에
줄 것 하나 없어
섭섭한 마음인데,
한 사람을 사랑하는 일이
때로 돌아서서
되거퍼 슬퍼지는 일이 없도록

율 고운 현이 울리듯이
상호 감응하는 가슴에
마음의 줄을 튕기면,
오롯이 진심 우러나는
청징한 소리만 한 결로
가슴에 울리기를....

티 없이 진정 사랑하기에
고운 눈빛만 주고받는
순한 바램을 가져요

지독한 사랑

수천 번 내쳐도
감겨오는 그리움이다
아니라고
도리질해도, 손사래를 쳐도
밤마다 꿈속에 들어와
안겨드는 애틋한 넋!
밀쳐내면 낼수록
가슴속 훅,
파고드는 바람이다
잘라내면 잘라낼수록
깊게 뻗치는 단단한 뿌리,
꺼도 다시 확 피는 꽃불
너는 내 사랑이다

차라리 그대를 잊으려 할 때

그대 눈동자에 내가 있어서
그 입가에 예쁜 미소 번질 때
수줍게 사랑하게 되었습니다

그대 눈동자에 어둠이 깃들어
내 마음에 슬픔이 잠겨올 때
차라리 그대 잊으려 했습니다

별이 지는 가슴에 그대 그림자
숨죽여 흐느끼며 어려올 때
그 사랑 다시 힘껏 품었습니다

이름하여 불청객

핑핑
세월이 흐르는 강….
도무지 출구를 모르는
초대받지 않은 불청객의 횡포
시시각각, 농을 쳐도
속수무책
목숨마저 간당간당,
24시 출렁대는 아찔한
시간의 포물선 다리

*불청객:코로나 19

사랑은 희망의 창이다

밤새 잠근
빗장을 푼 아침 햇살이
잠든 가슴을 깨워
풍경 어린 창을 열면,
빛 둘레 몰고 온 길 따라
눈 뜬 꽃들의 고백이 황홀하고

상긋이 부는 바람
무늬결로 겹겹이 쌓이면
늘어나는 나이테같이
그리움 쪽 방향을 읽고
발길 옮기는 사랑이 아름답다

소리가 소리를 모으고
서걱이는 잎새의 몸짓은
빛 한 점으로도 배부른 공간,
어두운 빈 가슴 빈손이어도
사랑의 눈빛 한 번이면
발딱 일어나 뛸,
사랑은 빛이요
따뜻한 희망의 창이다

3부
그대 눈빛 한 번이면

그대 눈빛 한 번이면

가파른 절벽의 등은
굽을 줄 모른다
수직 꿈은 자라면서
뛰어내릴 준비할 때
고백이 아슬하다

사랑한다는 말과 깊은 속마음을
다 전할 수 없을 때
가슴은 바다처럼 일렁인다

창밖으로 어둠이 파닥이고
먹물 풀어놓은 듯 번지는
밤빛이 오늘따라 진하다, 이때
그대 눈빛 한 번이면 한낮이 되는 것을.....

밤은 길을 지우고
그리움으로 구름다리 놓아 출렁이는
설레임과 생각은 흔들릴 줄 모른다
꽃 같은 그대 사랑이면.....

그대에게 보내는 꽃잎 편지

햇살이 후두둑 떨어지면
통통 울리는 빨간 우체통
장미 가슴처럼 짙붉다
저 붉게 탄 가슴 안에는
무슨 사연을 담고 있을까

심장 소리 쿵쿵 울리는 떨림과
말 못 한 고백이 침묵을 깨고
꽃잎에 새긴 깨알 같은 사연,
별처럼 하나 둘 사랑 불 밝히면
아름다운 풍경 소리가 들릴 거야

보석 같은 마음들이 눈 뜨는 세상
그립다, 보고 싶다 말을 띄우고
사랑한다는 소리를 풀어
가슴에다 고운 화음 입혀 말하자

읽고 읽어 듣고 들어 공감한
진실한 언어들이 별이 되고 꽃으로 필 때
어두운 빈방에 밝은 빛 가득하듯
감동 물결 새록새록 밀려오라

그리움 소리를 듣는다

아이들이 들떠 소리치듯이
그대 사랑으로 달려갈 때 행복하다
바람 살결이 부드럽게 스며오듯
보이지 않아도 알 수 있고
느낄 수 있는 순간 그리움 소리를 듣는다

물 위 그림자 지문을 찍고
사랑이라 읽는 물결무늬
겹겹으로 나이테를 늘리면서
더 많게 가지고 싶은 것은
오직 한 사람 마음

한 벌 또 한 벌 서로 껴입는
꽃그늘에서 피어나는
한 송이 꽃의 꿈, 그대 사랑이라고.....

매일 밤 별을 헤아릴 때 빛 한 줄기에서
비추는 얼굴 알알이 보석처럼 가슴에 박혀
오래된 옹이처럼 하나가 된다
그대 생각 가득 담겨 넘쳐서
그리움 방향도 하나로 통일된 길로 간다

숨 멎을 것 같은 순간이 있다

팽팽한 시간의 깊이를 알고 싶어
그대 마음속으로 들어가
불 밝혀 보았다
온통 꽃 빛 향기로움으로 가득하다

하나만을 섬기고 한 곳만 향하는 눈길
하나밖에 모르는 마음은
첫 순결의 핏빛이다
그리움에 포박당해도
기다림의 손목은 저리지 않다

수면 위 윤슬이 보석처럼 눈부시듯
숨 멎을 것 같은 순간,
그대 처음 만났을 때
아름다운 사랑을 볼 때 그랬다

푸른 벽에서 빛 한 점 떨어지고
드러난 창으로 쏟아지는 소리를 쓸면
유리알 바삭이는 발소리가
가슴앓이로 넓어지는 하늘이
그대 사랑 닮아 간다

나는 그대가 보고 싶다

물 위에 뜬 작은 섬 하나
뭍을 그리워하듯
나는 그대가 보고 싶다
한 사람 향하는 마음이 바다에 이르고
높은 하늘만큼 쌓아 올린 생각이
어디까지 다 닿았을까

그리움이 꽃과 같아서 여리고
바람에 온몸이 흔들려도
그대에게 준 마음이기에 뿌리가 깊다
잃어버린 시간과 계절이 녹슬어가도
아침은 길을 떠나고
기다림의 꽃무늬 벽이 곱다

깡마른 빈 가지에도 피가 돌고
온기가 흐를 때 사랑 꽃이 피듯
아픔이 깊을 때 사랑은 더 단단해지듯,
샘물처럼 맑고 단맛을 담은 마음으로
퍼내어도 퍼내도 줄지 않게
서로 꼭 안은 그리움으로 우리 있자

그대를 향한 마음이 꽃빛이다

그대가 달빛이요 별로 떠
창가 등불이 된다면
낮과 밤을 잊고 서 있고 싶다
텅 빈 하늘과 허공
허리 휜 골목길에도 사랑빛으로
가득 담아놓고 싶다

허기진 그림자에 길 잃지 않게 하고
한 번도 날지 못한 나뭇잎에
뛰어내릴 용기를 주는 바람같이
전할 이야기가 무성하다

그대에게 다가갈 수 있는
꽃과 사랑이 자라는 꿈의 섬 이야기

밤이슬로 젖은 발자국들이 잠에서 깨어
그리움 한 잔 마시고도 취하지 않는 듯
좀처럼 흔들릴 줄 모른 채
그대를 향하는 마음이 꽃빛이다

한 사람을 향한 사랑

제 몸 불사르는 노을
뜨거워지는 가슴은
한 사람을 향한 사랑

사랑한다는 말을 풀어놓아도
더 이상은 붉을 수 없다
첫물을 길어다 마시는 한 모금
오랜 기다림의 단맛에
황홀한 갈증을 푼다

다만 이름 부르는 것만으로도
황홀한 고백이 되는 사랑
움켜쥔 그리움 뿌리가 저리고
부풀어 오른 심장이 불,
바람 소리에도 흔들리지 않는
꽃나무의 중심

높은 담을 쌓아도 넘치고 마는
그리움의 파도를 막을 순 없다
우리 이제 마음을 열어 주자
사랑을 허락하자

하늘 한 장에다 그려 넣는 얼굴

길목 안 끝에서
어둠이 젖은 채로
덤벙덤벙 물소리를 낸다

허공을 베어내도 흘릴 줄 모르던
어둠의 눈물이 먹먹하게 흐르다 멈춘
아득한 시간의 강....
허기진 벽을 허물고 뛰어내리는 초침
절벽이 구부러지면서 아득하다

눈이 시린 하늘 한 장에다
그려 넣는 얼굴
마음 머문 자리 별 하나 꽃 등불 밝히고
제 그림자에 말을 걸어본다

기다림으로 이어지는 길 위로
바람이 발소리 숨죽이고 올 때
울컥 쏟아지는 눈물을 감출 수 없다
한 사람 사랑을 위해 아침을 내어주고
바칠 수 있는 따뜻한 마음이 있다면
나는 참 행복하다

그대 그리움으로 가는 길

바람의 헛발질에도
길은 흔들리지 않고 곧게 뻗어 있다
그대 그리움으로 가는 길,
잠시라도 멈출 수 없는 생각이
긴 꼬리를 물고 흐르는 물줄기 따라
첨벙첨벙 물소리에 젖고 있다

사랑하는 마음은 하나이어서
통하는 문이 늘 열려 있기에
고요히 흐르는 침묵의 몸짓에도
그대 쪽으로 기울고 넓어지는 허공
온통 그대 이름으로 가득하고

그대 그리움으로 가는 길
사랑하는 마음 몰래 들킬 때처럼
시나브로 부는 바람결이
나이테의 속살을 벗길 때마다
붉어지는 노을이 수줍다

꽃 한 송이에 이름을 준다

두 발 둥둥 구름 뼈로 떠
꽃잎 밟고 걸어오는
바람 소리 날개를 가졌다
못 오르고 못 가는 곳이 없다

잡힐 듯 눈이 훤하다
나풀거리는 옷깃이 그렇고
귀에 들리는 고백 소리까지,
그리운 것은 길을 잃지 않는 법
내 안에서 잘 익는 그리움

꽃 한 송이에 이름을 준다
이미 목에 걸고 있는 출입증에
또 다른 이름 사랑아,
내 가슴이 설레고 흔들리는 것은
진즉 꽃가지다

반복되는 말에 또 쓰듯이
습관처럼 말해버린 고백
또 말하고 듣고 싶다
사랑해!

그대 사랑이면

꽃잎 한 장 띄워도
건널 수 없는 그리움의 섬
부름 없이는 갈 수 없는
사랑 섬이 있다

눈 하나, 날개 하나
둘이 하나 될 때 비로소 날 수 있는
비익조의 사랑을 가질 때 가능한 것을....

꺾을 수 없어 모서리 깊은 곳까지
들어설 수 없는 빛이라도
사랑의 마음 손이면 밝다
나보다 더 소중한 것은 없지만,
비로소 비울 때
문 앞에 이름 문패를 걸 수 있다

무릇, 사랑이
하늘 높이와 깊은 바닷속 마음을
다 읽을 수 없다 해도
그대 사랑이면
높음과 깊음과 넓음은 알 수 있다

사랑 한다고 말하고 싶을 때

밤이 밀려올 때
바람의 수다를 미처
듣지 못하고 뚝 떨어진
꽃잎 아픔만 알았다
꽃잎 진 자리 옹이는 별이 되고
벌겋게 데인 자국 지울 수 없는
사랑의 지문으로 남아 긴긴 세월을
하나만을 그리워한다

마음과 마음이
체온에 기대어 온기를 느낄 때
손 끝으로 전해지는 전율, 설렘이다
막 잠에서 깨어난 시간의 파문
껍질 벗은 나무처럼 키가 커지고 있다

조금만 더 올라가면 다 보일 듯
오를수록 더 많게 안는 허공
눈물이 글썽, 소리를 벗고 싶다
사랑한다고 말하고 싶을 때
거칠고 뜨거운 숨결 눈멀다

신의 선물은 그대 사랑

아침이면
설렘으로 붉어진 해의 눈빛같이
신의 선물은 그대 사랑

맨 처음 발자국 소리를 기억하고
햇살 문 여는 꽃잎에서 들을 수 있는 말
사랑해, 고백의 향기가 진하다
그리움은 겹겹의 물살 무늬로
나이테를 늘리고
불어나는 생각들로 허공이 가득 찼다

팽팽한 공중이 터질 듯
소리치는 그대 이름과
풀잎 사이로 떠도는 무성한 소문들,
그대 아니면 살 수 없다고
아우성인 사랑 고백 순간,
칸칸이 불이 들어오고
밝아진 원고지 가득 배부른 시간이
참 너무 행복하다

사랑은 기다림으로 조용하다

나의 생각을 적셔
그대 마음 빛을 곱게 물들이고
한 송이 꽃으로 피어
별을 담고 싶다

작은 물방울로 돌의 심장을 뚫는 것 같이
딩딩, 두드리는 마음의 종소리
그리움 벽에 서 있다
사랑은 늘 기다림으로 조용하다

잰걸음을 멈출 수 없는 발자국
숨을 숨기는 계단 깊은 허공이 길이다
깊이 빠질 수밖에 없는
사랑의 진실은 결연하다

사랑이란, 불붙은 열정으로
태워도 다 타지 않는 마음 한 조각
마셔도 갈증이 심해지는 바닷물 같은
한 잔의 그리움 맛에 사로잡혀
빠져 나갈 출구를 못 찾는 사랑의 미로
오늘도 나는 그 속에서 살고 있다

별 하나 내려올 때쯤

곡선을 따라오다
바람 소리를 따돌리면
길이 펼쳐지면서
편안해진다

팽팽한 허공, 시간이 사다리를 놓고
별 하나 내려올 때쯤
나는 그대 사랑을 기다려 ....
그대 발자국 소리를
언제쯤 들을 수 있을까 하고

한 사람만 생각하고 그리워한 죄
달콤한 고문에도 답은 하나이지
한 사람이면 된다고 ....
울컥 뜨거움이 치솟아 오르는 목젖

다만 외롭지 않게
쓸쓸하지 않게
아프지 않도록 손 꼭 잡아주는
넉넉한 마음 하나이면 돼

이제 알 것 같습니다

이제 알 것 같습니다
꽃이 많아서 아니라
그대 사랑이 아름답다는 것을
그대 눈빛과 마음을 보면 알 수 있습니다

내가 그대를 그리워하고 사랑하는 것은
꽃처럼 아름답고 향기로워서가 아닙니다
생각하면 꿈 한 벌 입은 것처럼
날갯짓이 좋아서입니다

시간의 강....
거칠고 출렁이는 몸짓이 부서져도
더 단단해지는 것은 그대를 향하는 마음
그대 그리다 보면 날 저물고 어둠으로 넘칠 때,
발목이 빠지는 깊음에도
더 많게 담기고 넘치는 것은
생각보다 그리움, 보고 싶다는 고백입니다

쓴 고난과 아픔을 사랑할 줄 알 때
사랑은 달콤하고
단맛이 가득 담기는 과육과 같습니다

그대란 바다로 항해하는 하늘

문을 닫으면
갓 잡아 올린 물고기처럼
파닥이는 어둠이 별빛으로
물기 젖은 비늘이 창백하다

달빛에 걸린 발목이 묶이고
시간이 걸어갈 수 없을 때
풀잎에 돛을 달고
그대란 바다로 항해하는 하늘

기다림은 그리움으로 자라면서
목이 긴 기린처럼 해만을 사모하는
해바라기 마음으로 살고,
밤은 또 그렇게
우물처럼 소리를 잃고 빠져드는 것은
늘 그대만을 그리는 그리움 앓이

계단을 만드는 똑딱똑딱 시간의 몸짓
한 계단 한 계단 오르면
막 도착한 버스처럼
그대 사랑 하늘에 와 있다

사랑해

바람이 흔들고
꽃잎 가슴이 출렁이는
수면 위 반짝이는 눈빛은
그대 사랑만 같다

손 안 가득
움켜쥔 하늘 한쪽
골 깊은 그리움으로 흐르는 바람 소리
맨발이다

짙붉어 손끝까지 꽃 물감 든
첫사랑처럼 들뜨는 저녁,
둑을 넘어 밀려오는 바람의 반란
높게, 넓게, 깊게
힘껏 밀어 올리는 사랑의 힘

왈칵 무너지고 쏟아지는 설움 같은
깊이 모를 그리움이 푸른 벽을 타고
결국은 선을 넘고야 마는
더 이상 참을 수 없는 고백
사랑해

그대에게 가는 길

그대에게 가는 길은
늘 그랬듯 꽃이 핀다
그대 눈빛에서 바다가 일어서고
그대가 부를 때 하늘이 열린다

굽은 길이 펴지고
어둠 빛이 빛잔치요
시간의 키는 작아진다

그리움이고 기다림이
목마름에서 갈증을 해소하고
눈멀고 귀먹었던 막막함이
빛을 보고 소리를 안는다

하늘이 열리고
바다가 일어서 가는 것은
한 사람에 사랑을 마중하고
진정 존중함에서 오는 것,
참 많이도 기다린 시간이
새 생명으로 태어나는 것만 같다

그리움이란

그리움이란
그물에 걸린 바다가
기다림으로 파닥이고 물 비늘이 눈부시다

햇살이 박제되어 걸린
나뭇가지에 붉어진 가슴처럼
노을빛으로 번지면, 하루 또 하루
빠져드는 것은 그대 생각....
바람이 벗어놓은 소리 옷
유리알처럼 투명하고
숨길수 없는 속살이 달빛만 같다

팽팽한 허공에다
활활 타는 꽃불을 지피면
터질 것 같이 부푼 가슴
그대 이름 앞에 고백을 바치는 떨림일 것이다

사랑은 낮은 곳으로 흐르고
모든 것을 내어놓은 헌신이요,
귀를 열어 세상의 모든 말과 소리를 듣고
안고 사는 것인지도 몰라

내 한 생에 그리움이 흐르는 강

내 마음에 꽃잎 닮은 창을 내야겠습니다
한밤 별빛 따라오시는 그대
발자국 소리를 듣고 싶어서입니다

내 한 생에 그리움이 흐르는 강
꽃잎 한 장 띄워 보내면
멀리서도 보이는 하늘이 있습니다
높고 푸른 성

출렁이는 수평선에 배 한 척 띄워
그리움이 일렁이고
보고 싶은 마음 물결 따라가는 길에
사랑도 태우고 가야겠습니다

키 작은 구름 뒤로 번지는
노을빛이 불그스레 물들 때쯤
내 마음은 이미 사랑으로 젖은 기다림,
사랑한다는 것은
기다림을 배우고 그리움을 읽을 줄 알고
사랑한다 말 없어도 알고 있는 것 같이
사랑을 사랑하는 것입니다

가슴에 별 하나 빛날 때

창을 열면 와락 쏟아지는 뭇별들을 쓸어안으면
하나하나가 다 그대 눈빛처럼 빛나
보석 같은 사랑이 됩니다
하루를 업고 내일을 내려놓으면
한낮 별 하나는 사랑 꽃으로 피어난다 합니다

가슴에 그대의 사랑별 하나 빛날 때
하얗게 핀 그리움 꽃은
그대를 향해 한 잎 한 잎 가슴을 열어
별을 담습니다

한 사람을 그리워하고
한 사람을 사랑하는 마음으로
다 내어놓은 빈소라, 파도 소리를 품듯
별들의 속삭임 소리에도 덜컥 내려앉는
설레는 마음은 뭘까요

어쩜
별이 생명을 다할 때까지 빛을 놓지 않음은
그 안에 심어놓은 사랑이란 씨앗이 자라듯이
내 마음속 그대 사랑도 별로 자라기 때문이지요

그대가 왔으면 좋겠습니다

그대 이름을 부르고
하늘에다 모습만 떠올려도
내 마음 안에서 꽃으로 피어나고
내 가슴은 온통 꽃빛 잔치입니다
둥둥 설레는 그리움은 어디서 오고
어디서 첫발을 내디뎠을까

처음에는 풀잎처럼 흔들렸고
장미를 걸러 마신 노을빛처럼
붉어지는 마음을 어찌 못할 때는
보고 싶어 속으로 꾹 참았다가
눈물 한 방울 보석이 되고
별이 될 때가 있습니다

꽃병 속 장미처럼 그대 마음에 담긴 채
곁을 감도는 향기이고 싶습니다
흐르는 시간을 탑으로 쌓고
높아지는 하늘처럼 바라보고 있을 때,
이름을 부르는 소리가 달려오고
그대가 왔으면 좋겠습니다

당신이었으면 좋겠습니다

그대가 삶에 지치고 힘들 때
기댈 수 있는 있는 언덕이
나였으면 좋겠습니다
그대 일상이 외롭고 쓸쓸할 때
차 한 잔보다
나를 먼저 찾았으면 좋겠습니다

그대 잠 못 이루고 밤을 지새울 때
약에 의존하지 않고 내 생각하면서
깊이 잠들었으면 좋겠습니다
언제든지 모든 짐을 내려놓고 ,
근심 걱정 없이 편안한 마음으로 다가와
꽃처럼 꿈꾸는 사람이 나였으면 좋겠습니다

아름다운 사랑아!
그대를 알게 되어 행복합니다
내게 이렇게 말해줄 수 있는,
나보다 더 많이 사랑하는 사람이
내 사랑 당신이었으면 좋겠습니다

마법 같은 사랑이다

가슴속 깊이 그대 말과 불씨 한 점
사랑이 있어 늘 내 가슴이 붉다
그 무성한 그리움 숲에 들어서면
나는 늘 길을 잃고 만다

직진, 우측으로 가다 다시 되돌아 갈때
바람 소리 뒤따라오다 눈이라도
마주치면 외면할 수 없는 동행
꿈 품은 가슴에 꾹, 발자국 찍는다

둥둥 구름 한 조각 품은 하늘
바다와 섬을 건너는 시간의 파도,
육지 멀미로 멈추고 싶은 거다
시간을 풀어 빠르게 가고 싶은 마음에....

콘크리트 벽 틈 작은 씨앗으로
거대한 세상을 밀어 올릴 듯한
그대 사랑이 위대한 힘, 용기며
희망이면서 내일의 꿈을 키워내는
마법 같은 사랑이다
그대는....

고백보다 더 설레는 것은

꽃이 그림자로 발소리를 내면
바람은 허리 굽혀 별을 마중한다
길 잃은 어둠이 골목을 벗어나지 못하고
맴도는 그리움 앞에서는
늘 한 사람 이름만을 부르고 있다

하늘을 벗어나지 못한 허공도
빈 가슴은 채울 것이 많아
사랑 소리 따라가면 꼭 그대가 있어

덮어둔 풀꽃 잎은 빛 한 줌으로
기억을 읽고 까막눈을 뜨면서
봄이라고 쓰고, 사랑이라고 쓰고
꽃이 피어서 봄이 아니라
그대가 와서 봄이라고 쓴다

이른 봄 창을 열기도 전에
풍경이 회복되고, 덮어둔 책에서
걸어 나오는 향기로운 언어들
고백보다 더 설레는 것은
그대를 향한 마음이다

내가 꽃이었으면

내가 꽃이었으면
그대 마음 안에 씨톨 하나로
잔잔한 그리움 피우고
키 작은 별꽃으로 사랑 밝히고 싶다

내가 그대 마음속으로 들어가
소리로 산다면 둥둥 가슴을 울리는
사랑이고 싶고,
작은 별꽃으로
어둡고 길 잃은 날도 거울을 보듯
꽃 미소로 세상을 별처럼 비추고 싶다

환한 꽃잎 닮은 햇살이
아침 가슴으로 뛰어내리고
뭉근한 불씨 한 점 따뜻하다

사랑이 존재함은 꽃피움!
빛 속을 걷는 것 같이 눈부시게
사랑을 그리는 마음,
서로 영혼과 영혼의 대화다

사랑한다는 것은

하늘이 달빛 안고 내려와
호수에 담길 때
넘치는 것은 하얗게 포말 진
그리움이었다

묶인 시간과 발소리가 저려와도
흐르는 물을 막을 수 없다
높게, 멀리 쌓은 담을 넘듯
그렇게 온 하루의 고백이 황홀하다

꽃망울 터지는 소리 가슴을 울리고
역동의 파열음이 꽃물결
오래전부터 이미 불 낙인으로 봉인했던
불의 사랑을 기억한다

깊은 우물에서 퍼 올리는 듯
뛰는 심장 소리
그대 아니면 불가능한 일
그래 사랑한다는 것은
그대의 뜻과 소망을 함께 안는 삶이요,
하늘의 무게를 견디는 것이다

나에게 그대가 없다면

그대 생각을 펼쳐 놓고
금빛 햇살 풀어 한 올 한 올
그리움을 수놓아 그대가 오면
숭늉처럼 부드럽고 따뜻한
사랑 차를 준비해야겠다

쏟아지는 햇살 쓸어 모아
보석같이 곱게 다듬어 주고 싶다
묶인 시간을 넓은 들녘에 풀어놓고
울림소리를 들어 보자

꿈과 의욕을 상실한 가슴에
사랑이 무엇인지 불러 주자
사랑은 오랜 기다림으로 아픈 것이 아니라
그리움으로 곱게 피고 자라는 거라고

내게 그대가 없다면
하늘은 하늘을 잃고
바다는 물 없이 살지도 몰라
꽃은 이유 없이 피어나 향기 품진 않듯이
나에게 그대가 없다면.....

4부
그대 꽃 같은 사랑

그대 꽃 같은 사랑

찻잔에 그대 닮은 꽃잎 한 장 띄워
가슴 한켠 꽃불 밝혀
비추는 사랑은 별이 된다
어둠을 밝히는 것이 달빛이면
내 마음을 환하게 비추는 것은
그대 꽃 같은 사랑

그림자까지도 꽃물 들게 하는 사랑
가슴 속에 불의 용암처럼 뜨겁게 흐르고
꽃의 말이 내게로 들려오는 소리,
초롱초롱 별들의 속삭임
어둠을 밝히는 사랑 등댓불 빛이 곱다

차마 멈출 수 없는 그리움 입고
딸랑딸랑 방울 소리 따라
이제 밝은 빛 속을 걸어가야겠다
하늘보다 더 높이 쏘아 올린 사랑이
그대의 것, 나의 것이 될 때
비로소 완전한 사랑!

사랑이란 이름을 목에 걸고 걷자

발소리를 벗어놓은 신발처럼
깊은 밤잠을 못 이루고
마른 입술로 부르는 이름 하나

수면이 허리만큼 높아지고
발목 젖는 기억은 키를 키우는데
자꾸만 자라 꺾을 수 없는 공중
기다림이 길어지는 안타까움

날마다 허공을 낭비하는 그리움과
훗날에 풀어놓을 사랑 이야기,
무성한 숲과 숲으로 그림자 만들고
지울 수 없는 문신을 새겨서
한 곳, 함께 사는 꿈을 꾸어보는 여망

이제껏 한 번도 가져보지 못한
궤도의 저 밖의 세상
그대와 나
사랑이란 이름을 목에 걸고 가보자
아득한 하늘 끝까지.....

그대 그리움 빛 따라가면

바다 위로 일렁이는 바람에
꽃 빛 노을이 머리 풀고 흔들릴 때,
더 붉은 것은 그대 그리움 빛이다
물먹은 목소리가 젖은 발을 말리며
그대 그리움 빛 따라가면,
따르는 그림자 하나 사랑 닮았다

문득 어디로 가야 할지 방황할 때
문고리를 잡듯 소리에 귀 기울이고,
찰방찰방 물 위를 걷는 생각이
한 사람에 번뜩 눈 뜨면 바다가 보인다
넓고 깊은 사랑의 바다….

여태껏 심연의 시집 속에 살았다
저 파랗고 풍량한 사랑의 바다로
이제 나래 쳐 가고 싶다
맨발로 걷는 물길처럼,
씻고 씻은 정갈한 마음을 입고
한밤이 빚어 놓은 이슬처럼, 보석같이
빛 한 줌 품어 사랑을 바쳐 살고 싶다

그대가 아니면 피울 수 없는 꿈

항상 곁에 있지 못한다 해도
늘 고마워하고 감사하다는 걸
그대가 알았으면 좋겠습니다

그리움의 문을 열어 꽃 이름을 부르고
별빛을 담아 불 밝혀 놓겠습니다
창으로 빛 한 점 흘러나 갈 때
불빛 따라 그대 사랑이 왔으면 좋겠습니다

달빛 괸 발자국들이 환히 비추는 뜰에
향 좋은 차 한잔 준비하렵니다
먼 길 오실 때 사랑 차 한잔 드시라고....
편히 쉴 수 있게
가슴에다 뜨거운 불씨를 품어
따뜻한 그리움도 펼쳐 놓겠습니다

나 오직 그대에게 바칠 사랑
한 송이 꽃으로 핀 향기입니다
그대가 아니면 피울 수 없는 꿈!
더 이상 말할 수 없는 고백
그대 사랑은 내 생에 최고의 선물입니다

그대 우산이 되고 싶습니다

후두둑 후두둑
창밖에 비가 내려요
맨발로 걷는 빗소리는
그대 그리움 소리일 줄 모릅니다

이렇게 비 오는 날은
내 가슴은 그대만의 우산이 되어
비 발자국 소리 따라 걸으면서
도란도란 이야기꽃을 피우고
사랑을 마시고 싶습니다

내리던 비가 말갛게 그치고
잎새에 맺힌 빗방울이 보석같이 빛날 때
한 방울 한 방울 엮어서 만든
고운 사랑을 바치고 싶습니다

사랑은 목걸이
그리움은 귀걸이
기다림은 팔찌로 만들어서
나의 마음까지 곱게 포장하여
그대에게 드리고 싶습니다

그대 마음에 뜨는 꽃별이고 싶다

한낮 햇살로 부서지는 눈부심으로
밤이면 그대 마음에 뜨는 꽃별이고 싶다
뚜벅뚜벅 발자국 소리가 숨 쉬는
그리움 숲에서 유리 옷 입은
바람 한 잔 벌컥 들이마시면
그대 생각으로 그리움의 갈증은 더 한다

허공 가득히 담기는 얼굴
수평을 만드는 이름이 있다
답하지 않아도 별이 되는 것을 알까....
칸칸이 담기는 언어가 불을 켜고
결국은 원고지 칸이 모자란다
그대 이름으로 꽉 차고
사랑한다는 고백까지 들어와 불을 켠다

늘 그립다는 말보다 사랑한다는 고백이
더 벅차오르고 가슴이 뛴다
일파만파 번지는 물살 무늬처럼
가슴은 그랬다
사랑은 참 아름답고 고귀한 것이라고....

멋진 꿈 하나 꾸고 싶은 계절에

순결함을 꿈꾸는 장미의 꿈처럼
황홀한 고백이 침묵의 껍질을 벗고
하얀 속살을 내어놓듯이,
천만 밤이 겹겹으로 쌓아 놓은
어둠 속에서도 빛을 잃지 않음은
그리운 이의 사랑 빛을 보기 위함이다

살포시 가슴에 담아놓은
사랑이 있어 화음 고운 뜨락에
하루하루 봉긋 솟은 꽃봉오리,
잎을 열어 향기를 내어주고
그대와 입을 열어 사랑의 향기를 입는다

고요히 이름 한 번 부를 때마다
빛 한 줄기로 풍경을 만드는
멋진 꿈 하나 꾸고 싶은 계절엔
사랑이 한갓 꿈이어도 괜찮아
별처럼 그리운 사람이 있으니

그대 사랑이 불빛이면 좋겠습니다

그대 사랑이 불빛이면 좋겠습니다
한밤 별빛으로 비추어
기다리는 사람에게 희망이 될 수 있게....
곱게 떨어지는 햇살을 받아 안을 때
뜨거워지는 가슴
그대 사랑으로 번져 왔으면 좋겠습니다.

창을 열면 하늘이 보이고
파도 소리가 먼저 와 있는 바다처럼
그렇게 설렘으로 일렁이는
한 사람 사랑이 왔으면 좋겠습니다

그대를 사랑이라 부르고 싶은 날
아가의 배냇짓같이 작은 풀꽃으로 피어
바람 날개를 달고 마음껏 창공을 날아
그대에게 갈 수 있다면 얼마나 좋을까요

진정 사랑은
한 사람이 주는 가장 아름다운 꽃이요
가슴을 태우는 불이잖아요

그대를 향한 그리움 빛

그대 그리움 소리가 지나다
햇살 몇 알 톡톡
붉어진 가슴에 떨구어 내고
불씨로 뜨거운 사랑이 꽃을 피운다

꽃잎 한 장 띄워
그리움 강을 건너는 마음이 설레고
출렁이는 물결무늬가 나를 닮았다

하늘 가득 햇살로 넘쳐나는
눈부심은 그대 사랑
늘 그대를 향한 그리움 빛
그 빛 속을 걸으면
그림자는 발자국을 남기고

그렁그렁 방울 소리 울리는 목마가 돌듯
벽시계 초침이 밤낮없이 돌고 돌듯
내 그리움의 빛도 오로지
그대만을 향해 돌고 돈다

사랑 꽃 한 송이 피우고 싶다

창을 열고 바다에 기대이면
가슴이 출렁이고 발목이 젖는 것같이
생각만으로 이미 꽃 물든 마음은
그대를 향하고 있다

바람에 흔들리는 몸짓이 설레고
붉어진 가슴이 온통 꽃물결,
얼굴 가득히 담긴 하늘 자락
햇빛에 붉어진 잎들이 곱다

무채 빛 바람 소리 발자국을 남기듯
사랑의 흔적은
문신 깊이 새겨 남기고 싶은 것

그리움 향기로 첫발을 내딛고
길고 먼 길도 함께 동행하며
가슴에다 아름다운 언약을 새기며
사랑의 꽃 한 송이 피우고 싶다

사랑하며 산다는 것

물 위에 뜬 돌 징검다리 건너
그대에게 가는 꽃잎 하나
물빛이 곱다
하루하루 그리움으로 흐르는 하늘
물기 머금은 구름이
찰방찰방 물소리가 난다

때론 젖은 눈빛이 아플 때가 있다
다만 그대에게 전할 수 있는 것은
마음, 이슬, 사랑 빛 한 줌

사랑하며 산다는 것
생각을 더 두껍게 입는다는 것,
그리움 한 벌 깁는 것과 같기에
마음속은 깊을 수밖에 없다

바람에도 쉬이 흔들리지 않아야 하고
뿌리 깊은 나무처럼
한 곳에서 잎을 키우고,
낮과 밤을 지키는 별이 되어야 한다
사랑하며 산다는 것은……

가슴으로 품은 사랑

어둠을 벗지 못한 아침
아직 불씨가 남은 작은 별
그리움이 이슬에 젖어 오는 길
등불 하나 밝히고 있다

머리 풀어 길을 쓰는 바람 소리
덜컹이는 바퀴처럼 흔들고
뒤 돌아 본 발자취를 지우는 기억
이슬이 되기를....

단단한 세상
풀꽃 한 송이 닮는 마음으로
넉넉한 가슴으로 품은 사랑
텅 빈 하늘을 채울 수 있을 때까지
기다려주는 시간

아파도 참고
진통을 보석으로 바꾸는 진주처럼
사랑은 인내를 허용하는 지혜이며
지울 수 없는 꽃 문신을 새기는 향기이다

사랑은

햇살 살 냄새에 취하고
바람 소리에 몸 뒤척이며
붉은 입술 침샘 고이는 사랑은
빈 나뭇가지에 꿈 하나로 핀 꽃송이

몽글몽글 피어오르는
가슴속에 담아놓았던 그리움
울음 터지고,
꽃 빛 비명 한 움큼 그대 쪽 방향
직진 또는 부름 소리에 우회하고

뒤돌아 뛰어가는 발걸음이
구름 위를 걷는 것 같이
들뜬 마음이 꿈꾸는 세상….
사랑으로 빗장 풀고
떨림으로 혹은 설렘으로 만나
순금의 시간 잠시 두 눈을 감자

그대가 준 사랑의 선물
가슴 안에 체온이 흘러 그 온기로
꽃이 피는 아름다운 세상

하얀 아침 속살 같은 설레임

길을 걷다 멈춘 시간이 아프다
뚝뚝 끊어진 골목이 휘고
바람 소리 듣는 벽에서
하얗게 이끼 낀 기억이
꺼억 꺽 벗기는 각질이 벌겋다

하루에도 몇 번이고 헛발질에
허공이 곁눈질해도 괜찮아
그리움 한 벌이면 꽃이 되어
꿈을 피울 수 있고
그대 눈빛, 마음이 따뜻한 사람이면
텅 빈 허공이 자유야!

때로는 외로움도 노래이고
기다림도 의지가 되는 의자이고
그대 생각을 감싸 안으면 커지는 하늘

그대에게서 오는 꽃의 목소리가 들려
사박사박 첫눈같이 순백의 순결미
하얀 아침 속살 같은 설레임.....
그대가 올 때 그래

내 가슴은 그대가 바다

하얀 바다 물빛 꽃송이 흔들듯
한 점 그대 눈빛으로도
내 가슴은 물결무늬로 파문 져
물 꽃이 핀다

길로 자라는 그리움의 키
파란 화폭에 꽃물결 일렁이고
한 발자국, 한 발자국
첨벙첨벙 물수제비 뜨고 있는
이미 내 가슴은 그대가 바다

해안선 밖으로는 나설 수 없는 외출
무작정 기다림은
그대 그림자에 기대어 서 있고
발목이 젖는 그리움의 소리….

더는 감정을 숨길 수 없어
사랑한다는 황홀한 고백을
이제는 바다에 쏟아붓자
한꺼번에 부려 놓은 별무리처럼

혼자서는 못 가는 길

내 빈 마음 아궁이에
그대 사랑 한 줌
군불 지펴놓고 두 손 모으면
봄 햇살같이 따뜻하다

늘 그대 말씨에서 햇살 부서지듯
불 지피듯 포근함이 꽃 마음 흔들고
언덕을 그리는 파도가 출렁인다

외로이 혼자서는 못 가는 길
깃발이 흔들리며 바람 방향을 알리듯,
늘 곁에서 손잡아 주는 이가 있어
따스함이 좋다
아직 불씨가 남은 별 하나,
이름을 부르는 순간은
어디든 듣고 볼 수 있는 사랑 빛과 음성

마지막과 처음을 연결하는 고리
창을 열 때 쏟아지는 빛살처럼
눈부심은 그대 사랑 닮았다
이제 처음이고 마지막이다

꽃 거울

내 안을 비추는 그대는
제일 영롱하고 아름다운 꽃 거울
마음속 꽃 한 송이 그리움 빛으로
진하게 향기를 품고 산다

그대 사랑의 향기
늘 그랬듯, 입가에 머문 말과 고백이
붉어진 꽃잎처럼 설렘으로 흔들리고,
바람도, 별빛도 숨이 멎을 것 같은 순간은
그대에게 사랑한다 말할 때
가슴이 먹먹하다

화살표 방향으로 눈길을 돌리고
빨간불이 없는 직선
잠시 멈출 수 없는 갈망 그리움의 길,
기다림이 곧게 뻗는 일방통행
굳게 닫힌 문이 개방된다

와락 쏟아져 들어오는 하늘이, 바다가
넘칠 것 같이 출렁이는 것이 내 마음 같다
들떠있는 하루가 가파른 언덕을 오른다

비처럼 그대도 왔으면 좋겠다

이렇게 비 오는 날이면
더욱더 그대에게 가고 싶다
내 마음 적시는 빗소리
온몸으로 느껴지는 빗물 같은 그리움
보고 싶은 마음은 강물처럼 흐르고

뚝 뚝….
호수로 투신하는 투명한 몸짓 하나하나가
누군가 그리울 때 만들어지는 유리알 같다
꽃잎은 적셔도 제 몸은 적시지 못하는 빗방울
그대 그릴 때 나를 닮았다

저 내리는 비를 보며
하나, 둘 숫자를 헤아려 보자
사랑의 수, 그리움의 수, 마음 담고 안은
애절한 심장에 소리까지도……

벽이 높아도 둑이 길고 멀어도
결국은 넘쳐서라도 흐르고 마는 강줄기처럼

그대에게 달려가는 사랑을 어찌 막을 수 있을까
유리창으로 눈물처럼 골이 깊게 흐르고 있다

맨발로 뛰어드는 빗방울 소리….
수면 위 파문 하나하나가
그리운 사람의 얼굴로 물꽃이 핀다
아! 보고 싶다
사랑아

꽃잎은 첫 입맞춤으로 붉다

꽃의 첫사랑 같은 고백이
불그스레 물든 꽃말이
향기롭게 번지는 가슴
그대가 첫 발자국 찍는다

사랑이 올 것 같이 사방이 들뜨고
가슴으로 하늘이 미끄러지고
눈 부신 햇살이 깃을 파닥일 때,
산고를 견딘 진통의 사랑이 몸 풀고
꽃잎은 첫 입맞춤으로 붉다

종일토록 기다림은 그대 목소리요
손 잡아줄 때,
하루치의 허기짐을 퍼 나르는
그리움으로 잠잠히 쉴 때....
꽃잎 같은 사랑이 있기에
세상의 모든 것이 가능한 일,
꽃등불 밝힌 삶이 참 아름답다

작고 예쁜 별 하나 가지고 싶다

찻잔에 하늘이 담기고
하늘에 그리움이 떠 별이 된다
별빛에 그대 눈빛이 담겨 빛나고
그 눈빛에 비추는 것이 내 사랑이었으면 ....

작고 예쁜 그대 눈빛 같은 별 하나 가지고 싶다
그대 마음 닮고 사랑 닮아 고운
이른 아침 길 떠나지 않은 예쁜 별 하나
창을 열 때, 밤새 내린 별 발자국에 고인
이슬이 보석인 것처럼
하나하나에 이름표를 달아 주고 싶다
예쁜 그리움이라고 ....

먼 하늘가 첫 발자국을 내딛는 별
처음 그대가 내게 와서 빛이 되어
이름 한 번 부를 때마다
내 가슴 가득 빛과 온기를 담아줄 때
나는 별이 되었다, 그대 사랑으로....
사랑은 별처럼 멀리서도 보고 느낄 수 있는 것이다
사랑은....

물속 굴절된 관절이 투명하다

고백이 되지 못한 바람이
잘 마른 잎처럼 부서지고 있다

습관처럼 부르는 이름 앞에
더 이상 방관할 수 없는 말은 목이 쉬고
그리움 절반, 기다림 절반씩 나눠 마시면
울컥 목에 걸린 꽃 기침 소리에
새벽은 눈을 뜨지……

막 어둠 벗어놓은 아침이 눈부시고
꽃의 속살같이 여린 숨결
아직 길 떠나지 못한 별들 이야기
쏟아놓은 사랑 고백

달콤한 소리를 달고
바다를 향해 길 떠나는 섬들이
바다에 둥둥 떠 설레는 가슴처럼
일파만파 파도가 일고
물속 굴절된 관절이 투명하다

닻을 내린 사랑 정박을 꿈꾼다

말로 선 못 건너는
수평선에 한 사람 그리움과
사랑은 건너오곤 하지
불그스레 물든 꽃 배 한 척

담장 없이도 넘어설 수 없는 게 있고
높게 멀게 친 둑이어도
넘치고 흐르는 것이 있다
한 발자국도 움직일 수 없는 시간의 덫에
그리움의 날개가 높이 날아오를 때....

조각조각 시간을 뒤집어쓴 하루가
까만 어둠의 파도로 가득할 때....
출렁이는 가슴이 시릴 때가 있다
단 한 발자국이라도 더 다가가고 싶은
가난한 마음의 사랑은

이제 뜨거운 피가 도는
그대 마음 사랑 바다에
닻을 내려 정박을 꿈꾸고 싶다
붉은 내 가슴의 꽃 배 한 척은

좋은 사람을 만나는 것은

좋은 사람을 만나는 것은
또 하나의 인생을 가지는 것이요
곱고 예쁜 사랑을 하는 것은
아름다운 삶을 가지는 것과 같다

우연히 그대를 알고
작디작은 달콤한 아픔으로
꽃 피우는 것을 알았고,
구름 속에 불씨 한 점 담아놓는 법도 알고
이름 한 번 부르는 것만으로도
하늘 가득 행복이 있음을 알았다

하얀 가슴에 꽃물 적셔주는 그대는
세상에서 가장 멋지고 좋은 사람

꽃송이마다 이름표를 달고서 잎을 열어
한 잎은 사랑이라고 달고
한 잎은 희망이라고 달고,
한 잎은 꿈이라고 달고
한 잎은 그대의 것이라고 말하고 있다

이름 한번 부르고 싶다

이름 한번 부르고 싶다
꽃이라 부르고
사랑이라 부르고
생명의 빛이라고 부르고 싶다

생각 속에서 살고
생각으로 자라는 전설의 이야기처럼
그대는 내 삶에 이정표,
빛바래지 않는 등불 되어 비추기에
뿌리를 잃을 수 없는 사랑이다

빛을 안은 촛불의 의지로
자신을 희생하고 버리지 않으면
얻을 수 없는 거룩한 사랑

그대 사랑에서 본 아름다운 풍경
한 폭 귀한 보물을 보고 뜻을 헤아릴 때
나는 부자가 된다
멋진 사람아!

복종의 詩가 되고 싶다

나 그대에게 마음을 읽히려고
붉어진 가슴으로
꽃이 되어 서 있다
그림자가 제 그림자를 보고 안듯
그대에게 거울처럼 보이게 하고
투명한 한 방울 이슬이고 싶다

허공을 기웃거리는 바람 소리가
말을 걸고 답하는 고백처럼
순수함으로 별이 되어
그대 가슴에
사랑 불 하나 밝혀 놓고 싶다

등불같이 비추기보다
스스로 태울 줄 아는 가슴이 되어
낮이고 밤이고 그대만을 비추는
꽃등불이고 싶고,
부르면 꽃이 되고 보석이 되는
그대만의 사랑이고 싶은
복종의 詩가 되고 싶다

신이 한 가지만 허락하신다면

만약 신이 하나만 허락하신다면
나는 한 사람 사랑을 가질 것이다

천 길 만 길 추락을 꿈꾸는
갈 잎새의 기억에도 진정 아름다운
사랑 하나 담고 있듯이
한 사람이 준 사랑은 문신처럼 지울 수 없는
영원한 생의 빛이 된다
그대에게서는....

한 사람 기다림 속에서
뼈 마디마디가 해체되었다
숭숭 뚫린 공간마다 꽉꽉 채우는
말들이 꽃이 되고 붉은 피가 흐르고
죽음에서 살아나는 것 같이
사랑은 그대의 무한한 힘이다
사랑이다

가도 가도 끝이 없는 길처럼
그대가 주는 모든 것이 그렇다

그대도 비처럼 왔으면 좋겠습니다

톡톡
꽃잎 마음을 두드리는 빗방울은
가슴을 흠뻑 적셔 놓고서는
잠든 나를 깨워 사랑이라 말합니다.
꼭 그대처럼.....

맨발로 걷는 물길 따라
뚜벅뚜벅 발자국을 남기는 빗방울 수 만큼
그립다 보고 싶다 말하고 싶습니다.
이때,
그대도 비처럼 왔으면 좋겠습니다

비 내리는 날은
창을 화알짝 열어 놓습니다.
내가 비였으면 좋겠다는 생각 하면서,
그 어디에 계시든 그곳에 그리움으로 내려
그대 마음을 흠뻑 젖셔 놓게.....

손금에 흐르는 강물처럼 일렁이는 소리
내 마음 흔들어 놓는 소리,
언덕 너머 흔들리는 풍경 소리
금세라도 창을 톡톡 두드릴 것 같은 환상의 소리…
이때쯤,
그대 날 부르는 소리 들렸으면 좋겠습니다.

두 눈은 닫고 그대 모습을 그리고
두 귀는 열어 놓고
그대가 부르는 소릴 기다립니다.
비 내리는 날엔
사랑아!

붉은 장미 한 송이 피워 드리겠습니다

한 송이 꽃만을 사모하는 나비처럼
한 곳으로 자꾸 끌리는 마음
마력같이 도무지 어쩔 수 없는 사랑,
그대 향한 수만 개의 그리움과
사랑을 피워내기 위하여
마음 안에 깊이 뿌리 내려
꽃 피우는 고혹의 장미 한 송이!

그대의 불같은 뜨거운 열정
햇볕에도 말릴 수 없고
모닥불에도 말릴 수 없는 사랑이기에,
어둠 속 별이 켜지듯, 그대 소리만 들어도
원고지 한 칸 한 칸 불빛이 들어 오고
언어 하나하나 사랑 불 밝힐 때,
내 가슴은 꽃을 피웁니다
한 송이 짙붉은 장미꽃을 피웁니다

제 몸을 사루어 타는 촛불같이
전율케 하는 그대 사랑 안고

세상 흔해 빠진 사랑의 금기를 깨고
그대 향한 붉은 사모의 절정미!
사랑의 장미 한 송이 아름답게 피우겠습니다

태양보다 더 붉고 향기로운 장미꽃,
사랑스러운 그대에게
붉디붉은 장미 한 송이 피워 드리겠습니다

박고은 시집

그대에게 보내는 꽃잎 편지

초판1쇄 발행 2021년 10월 11일

지은이 박고은
펴낸이 이길안
펴낸곳 세종출판사

주소 부산광역시 중구 흑교로 71번길 12 (보수동2가)
전화 051-463-5898, 253-2213~5
팩스 051-248-4880
전자우편 sjpl5898@daum.net
출판등록 제02-01-96

ISBN   979-11-5979-462-9   03810

정가 14,000원

이 책은 저작권법에 따라 보호받는 저작물이므로 무단전재와 무단복제를 금지하며,
이 책 내용의 전부 또는 일부 내용을 재사용하려면 사전에 저작권자와 세종출판사의
동의를 받아야 합니다.

* 잘못된 책은 교환해 드립니다.